Translat

MW01520659

Akathist of Gratitude to God for Everything

2nd edition

Akathist is a Christian hymn dedicated to a saint, holy event, or One of the Persons of the Holy Trinity. This booklet is a translation (from Ukrainian) of one of the most beautiful akathists – gratitude to God for everything. When used piously it can serve the purpose of reminding everyone of how great God's deeds for us are and how much grateful we ought to be, indeed, for everyone and everything.

Wise, I. (2019). *Akathist of Gratitude to God for Everything* (2nd ed.). Calgary, AB: Edocation Corp.

ISBN 978-1-989531-04-4

Format:	Book (hard copy)
Languages:	English, Ukrainian
Disclaimer:	This book has been published as has been submitted by the author and in the languages of the original
Translated & designed by:	Iaroslav Wise
Published by:	Edocation Corp.

Table of Contents

Introduction

Akathist[1] or Akathist Hymn (Gr.: Ἀκάθιστος Ὕμνος, 'unseated hymn') is a Christian hymn dedicated to a saint, holy event, or One of the Persons of the Holy Trinity. The name derives from the fact that during the chanting of the hymn, congregations do not sit down but remain standing in reverence (Ancient Gr.: ἀ+κάθισις [a+káthisis] = without/not + sitting). During services, sitting, standing, and bowing are set by the Church tradition, as well as individual discretion. However, standing is considered mandatory for all healthy people during reading of akathists and the Gospels as well as partaking of the Eucharist (Communion).

The very first akathist was written in the 6th century and was dedicated to the Theotokos (the Mother of God)[2] and since then has become a popular type of hymn to honour God and saints during and in addition to regular services. In its use as a part of the service of Salutations to the Theotokos, an akathist is also known by its Greek or Arabic names: Chairetismoi (Gr. Χαιρετισμοί) and Arab. *Madayeh.* meaning literally "Rejoicings"; in the Slavic tradition, it is known as *Akafist* (Ukr. *Акафіст*).

Many of the modern akathists are written in the same elevated style as the 6th century akathist praising the Mother of

---

[1] The translation of the akathist from Ukrainian into English was inspired by the content of the akathist in hope to make it available to more people. The translator of this akathist saw the original text for the first time during his stay at an Orthodox summer camp in Pliasheva village (Rivne oblast' of Ukraine). The akathist was given at the end of his stay at the camp as a present from a "secret friend", a game during which people who play it have a secret friend and periodically send him/her a short notice or a small present (e.g. a cookie, a badge). The secret friend of the translator of this akathist turned out to be his good friend, Volodymyr, who managed not to reveal himself until the very last day when he presented the akathist in the form of a pocket book.

[2] In the Eastern Orthodox tradition, people say (1) 'the Mother of God' or 'the Theotokos' (Gr. Θεοτόκος, Ukr. *Богородиця*), (2) 'Holy Virgin Mary' or Aeiparthenos (Gr. ἀειπάρθενος, Ukr. *Приснодіва Марія*), as confirmed in the Fifth Ecumenical Council of 553, and (3) 'Most Holy Panagia' (Gr. Παναγία, Ukr. *Присвята*). In the western tradition, people say St. Mary.

3

God. Later akathists have also been dedicated to Jesus Christ or a saint. Akasthists are often a part of Orthodox Ukrainian prayer books ('molytovnyk'). Several of the most well-known akathists include "The Akathist to Jesus the Sweetest", "The Akathist to Saint Nicholas", "The Akathist to Great Martyr Barbara" (Ukr. "*Акафіст Ісусу Найсолодшому*", "*Акафіст Святому Миколаю*", "*Акафіст Великомучениці Варварі*").

The translation of the akathist below is the English version of the Ukrainian akathist "*Podiaka Bohovi za vse*". The author of this akathist is unknown. However, it is believed that it has been compiled by Gregorii Petrov based on the works of St. John Chrysostom.

Structurally this akathist consists of 13 kontakia and 12 oikoi. Kontakion (from Gr.: κόνταξ [kontax] - 'pole', specifically the pole around which a scroll is wound) – a part of an akathist preceding oikos. Oikos (Gr.: οἶκος, 'house, household' or 'family') – a part of an akathist following kontaktion in which the topic of kontaktion is expanded. A kontaktion and an oikos form one relatively independent unit. Each kontaktion ends with the word "Alleluia" and each oikos contains refrain, "Glory to You" in this akathist. Such a structure is typical of an Eastern Orthodox akathist.

In addition to such a strict form, there is also tradition as to how an akathist should be read: the last kontakion is read three times, after this the first kontaktion and the first oikos are read again. This is normally followed by a prayer. Although there is no prayer in the source text for this hymn, some versions provide different prayers and a faithful reader may read the Lord's prayer or any other pious prayer.

Кондак 1

Нетлінний Царю віків, що тримаєш у десниці Своїй всі шляхи людського життя, силою Твого спасенного промислу. Дякуємо за всі Твої відомі і потайні добродійства, за земне життя і за небесні радощі Твого будучого Царства. Простягай нам і надалі Твої милості, що співаємо: Слава Тобі, Боже, на віки!

Ікос 1

Слабким, безпомічним дитям я народився на цей світ, але Твій ангел розпростер світлі крила, оберігаючи мою колиску. З тих пір любов Твоя сяє на всіх моїх шляхах, дивно ведучи мене до світла вічності. Славлю щедрі дари Твого промислу, виявлені з першого дня і донині. Дякую і взиваю зі всіма, що пізнали Тебе:

Слава Тобі, що призвав мене до життя.

Слава Тобі, що показав мені красу вселенної.

Слава Тобі, що розкрив переді мною небо й землю, як вічну книгу премудрості.

Слава Твоїй вічності серед тимчасового світу.

Слава Тобі, за тайні і явні милості Твої.

Слава Тобі, за кожне зітхання у грудях моїх.

Слава Тобі, за кожний крок мого життя.

Слава Тобі, за кожну хвильку радості.

Слава Тобі, Боже, на віки!

Kontakion 1

Incorruptible Lord of ages, You Who holds in Your hand with the power of Your salvific providence all the roads of man's life. We thank You for all Your visible and invisible gifts – for the earthly life and the heavenly joy of Your Future Kingdom. Continue spreading Your grace in front of us who sing to You: Glory to You, God, forever!

Oikos 1

I was born a weak and helpless baby but Your angel spread his bright wings protecting my cradle. Since then, Your love has been shining on all the roads of my life, wonderfully directing me to the light of eternity. I glorify the generous gifts of Your providence shown from the first day until now, and I, together with all who know You, sing:

Glory to You, for You called me to life.

Glory to You, for You showed me the beauty of the universe.

Glory to You, for You as if an eternal book opened the sky and the earth to me.

Glory to Your eternity in the temporal world.

Glory to You for Your visible and invisible favours.

Glory to You for every bitter sigh of mine.

Glory to You for my every step of life.

Glory to You for every minute of joy.

Glory to You, God, forever!

Кондак 2

Господи, як добре гостювати в Тебе: духмяний вітер, гори, що тягнуться до неба, як безмежні дзеркала, що відбивають золото променів і легкість хмаринок. Вся природа таємниче шепочеться, вся, повна ласки. І птахи, і звірі носять печать Твоєї любові. Благословенна мати земля з її скороплинною красою, що пробуджує тугу за вічною вітчизною, де в нетлінній красі звучить: Алилуя!

Ікос 2

Ти ввів мене у це життя, як у чарівний рай. Ми побачили небо, як глибоку синю чашу, в блакиті якої дзвенять птахи, ми почули утихомирений шум лісу і солодкозвучну музику води, ми їли духмяні і солодкі плоди та запашний мед. Добре у Тебе на землі, радісно у Тебе в гостях, а тому співаємо:

Слава Тобі, за свято життя.

Слава Тобі, за чарівний спів пташок.

Слава Тобі, за пахощі конвалій і троянд.

Слава Тобі, за солодку різноманітність ягід і плодів.

Слава Тобі, за прохолодну свіжість води.

Слава Тобі, за алмазне сяйво ранкової роси.

Слава Тобі, за усмішку світлого пробудження.

Слава Тобі, за земне життя, що є провісником небесного.

Слава Тобі, Боже, на віки!

Kontakion 2

Lord, how pleasant it is to be at Your place: fragrant air, mountains which extend to the skies like an endless mirror that reflects gold of rays and lightness of clouds. All nature whispers secretly, it is all full of caresses. Birds and animals bear the seal of Your love. Blessed is mother earth with her passing beauty which awakens longing for the eternal motherland where in it rings incorruptible beauty: Alleluia!

Oikos 2

You led me into this life as if into a marvellous heaven. As if a deep blue bowl, we saw the sky, in the azure of which birds were chirping. We heard the peaceful noise of a forest and harmonious music of waters; we ate sweet fruit and fragrant honey. It is so beautiful on Your earth and it is so joyful to be Your guest, and, therefore, we are singing:

Glory to You for the feast of life.

Glory to You for the majestic singing of birds.

Glory to You for the fragrance of lilies of the valley and roses.

Glory to You for various sweet tastes of berries and fruits.

Glory to You for the cool freshness of water.

Glory to You for the diamantine shining of the morning dew.

Glory to You for the smile of bright awakening.

Glory to You for our life in this world which precedes eternal life.

Glory to You, God, forever!

Кондак 3

Силою Духа Святого дихає кожна квітка, тихе віяння аромату, ніжність забарвлення, краса Великого в малім. Хвала і честь животворящому Богу, що простилає луги, як квітучий килим, що вінчає поля золотом колосся і блакиттю волошок, а душі – радістю споглядання. Веселіться і співайте Йому: Алилуя!

Ікос 3

Який Ти прекрасний у торжестві весни, коли воскресає все творіння і на тисячі ладів радісно взиває до Тебе: Ти – джерело життя, Ти – переможець смерті! При світлі місяця, коли щебече соловейко, стоять долини і ліси у своїх білосніжних підвінечних вбраннях. Вся земля – невіста Твоя, вона чекає Нетлінного Нареченого. Якщо траву Ти так зодягаєш, то якже ж нас преобразиш у майбутньому віці воскресіння, як просвітяться наші тіла, як засяють душі! Тож з радістю співаємо:

Слава Тобі, що вивів з темноти землі різноманітність забарвлення, смаку і аромату.

Слава Тобі, за привітність і ласку всієї природи.

Слава Тобі, що оточуєш нас тисячами Твоїх сотворінь.

Слава Тобі, за глибину Твого розуму, зазначеного у всьому світі.

Слава Тобі, за ласку віри у наших серцях.

Слава Тобі, я благоговійно цілую сліди незримої Твоєї стопи.

Слава Тобі, що засвітив переді мною яскраве світло життя вічного.

Слава Тобі, за надію безсмертної ідеальної краси.

Слава Тобі, Боже, на віки!

Kontakion 3

Every flower has fragrance of the Holy Spirit's power, gentle flowing of aromas, tenderness of colours, and beauty of big things in little things. Praise and honour to the life-giving God Who spreads meadows like a flourishing carpet, Who crowns fields with golden wheat and azure of cornflowers; and souls endows with joy to observe this all. So rejoice and sing to Him Alleluia!

Oikos 3

How admirable You are in the triumph of spring when all arise and a thousand voices call to You: You are the source of life, You are the conqueror of death! In the moonlight, when a nightingale is singing, valleys and forests are all dressed in their snow-white wedding gown. All the earth is Your bride, she is waiting for her Incorruptible Bridegroom. If You dress up grass this way, then how much will You change us in the future age of the resurrection, how our bodies will lighten, how our souls will be shining! Therefore, we are singing joyfully:

Glory to You, leading out of darkness various colours, tastes, and fragrances.

Glory to You for the cordiality and caress of all nature.

Glory to You, embracing us with thousands of Your creatures.

Glory to You for the depth of Your intelligence that is reflected as a seal on the whole world.

Glory to You for the caress of faith in our hearts.

Glory to You, I kiss reverently the footprints of Your invisible feet.

Glory to You, lighting clear light of eternal life in front of me.

Glory to You for hope of immortal, ideal beauty.

Glory to You, God, forever!

Кондак 4

Як Ти насолоджуєш тих, хто думає про Тебе, яке животворне святе Слово Твоє! М'якша єлею і солодша соту розмова з Тобою. Окрилює і живить молитва до Тебе. Яким тоді трепетом наповнюється серце і якою тоді величною та розумною стає природа і все життя! Де немає Тебе – там порожнеча. Де Ти – там багатство душі, там живим потоком ллється пісня: Алилуя!

Ікос 4

При заході сонця, коли зацарює спокій вічного сну і в тишині згасає день, я бачу Твої хороми в образі сяючих палат і захмарених тіней зорі. Вогонь і пурпур, золото і блакить пророче говорять про невимовну красу Твоїх поселень, урочисто взивають: ходімо до Отця, співаючи:

Слава тобі у тихому вечірньому часі.

Слава Тобі, що посилаєш світу великий спочинок.

Слава Тобі, за миле сюрчання комах.

Слава Тобі, за прощальний промінь на заході сонця.

Слава Тобі, за відпочинок благодатного сну.

Слава Тобі, за Твою благість у темряві, коли далеко ввесь світ.

Слава Тобі, за розчулені молитви душі зворушеної.

Слава Тобі, за обіцяне пробудження до радості вічного невечірнього дня.

Слава Тобі, Боже, на віки!

Kontakion 4

How You sweeten those who think about You! How life-giving and holy Your Word is! Talk with You is milder than olive oil and sweeter than honey. A prayer to You inspires and revives! My heart fills up with awe, nature and the whole of life becomes magnificent and intelligent then! Where there is no You – there is bareness. Where there is You, there is soul wealth and a song flows like a life-saving stream: Alleluia!

Oikos 4

At the sunset, when calmness of eternal sleep and silence of a fading day reign, I see Your dwellings underneath the starry domes. Fire and the purple, gold and the azure are prophetically speaking about the inexpressible beauty of Your settlements. They are majestically calling: let's go to the Father singing:

Glory to You in evening quietness.

Glory to You Who poured great serenity into the world.

Glory to You for the nice chirping of insects.

Glory to You for the parting ray of a setting sun.

Glory to You for the rest of refreshing sleep.

Glory to You for the placidity of darkness when all the world is far away.

Glory to You for soothing prayers of an anxious soul.

Glory to You for the promise to awaken us for the happiness of the eternal life.

Glory to You, God, forever!

Кондак 5

Не страшні життєві бурі тому, у кого в серці сяє світильник Твого вогню. Навколо негода і тьма, жах і завивання вітру, а в душі у нього тишина і світло. Там – Христос! І серце співає: Алилуя!

Ікос 5

Я бачу Твоє небо, що сяє зірками. О, який Ти багатий, скільки світла у Тебе! Промінням далеких світил дивиться на мене вічність. Я такий малий і нікчемний, але зі мною Господь. Його любляча десниця всюди хоронить мене, бо співаю:

Слава Тобі, за невпинні турботи про мене.

Слава Тобі, за промисленні зустрічі з людьми.

Слава Тобі, за любов рідних, за відданість друзів.

Слава Тобі, за смиренність тварин, що служать мені.

Слава Тобі, за світлі хвилини мого життя.

Слава Тобі, за ясні радощі серця.

Слава Тобі, за щастя жити, рухатися і споглядати.

Слава Тобі, за дар любові до всього, що Ти сотворив.

Слава Тобі, Боже, навіки!

Kontakion 5

He who has the light of Your fire in his heart is not afraid of storms of everyday. Hurricane and darkness, fear and tempest are all around. But quietness and light are inside of his soul and Christ is there! And his heart is singing: Alleluia!

Oikos 5

I see Your sky that shines with stars. O, how rich You are, how much light You have! The eternity looks at me with the rays of faraway celestial bodies. I am so small and miserable, but the Lord is with me and His loving hand protects me everywhere because I sing:

Glory to You for Your everyday care about me.

Glory to You for the arranged meetings with people.

Glory to You for my relatives' love and our friends' devotion.

Glory to You for the obedience of animals that serve me.

Glory to You for the bright moments of my life.

Glory to You for the clear joys of my heart.

Glory to You for the happiness to live, to move, and to see.

Glory to You for the gift of love for everything that You have created.

Glory to You, God, forever!

Кондак 6

Який Ти величний і близький у сильному пориві грози, як видно Твою могутню руку у вигинах сліпучих блискавок! Дивна велич Твоя! Голос Господній над полями і в шелесті лісів, голос Господній в народженні громів і дощів, голос Господній над багатьма водами. Хвала Тобі в гуркоті вогнедихаючих гір. Ти струшуєш землю, як одяг. Ти здіймаєш до неба хвилі морські. Хвала Тобі, що упокорюєш людську гординю і вириваєш покаянний крик: Алилуя!

Ікос 6

Як блискавка освітить бенкетні зали і після неї вбогими видаються вогні світильників, так Ти зненацька блиснув у душі моїй під час найсильніших радощів життя. І якими безбарвними, темними і примарними виглядали вони після Твого блискавичного світла. Душа рвалась за Тобою, співаючи:

Слава Тобі, краю і границе найвищої людської мрії.

Слава Тобі, за нашу невтолиму спрагу богоспілкування.

Слава Тобі, що вдихнув у нас незадоволення земним.

Слава Тобі, що зодягнув нас витонченим промінням Твоїм.

Слава Тобі, що владу духів тьми розтрощив.

Слава Тобі, що прирік на знищення всяке зло.

Слава Тобі, за об'явлення чудесні Твої.

Слава Тобі, за щастя відчувати Тебе і жити з Тобою.

Слава Тобі, Боже, на віки!

Translation by Iaroslav Wise

Kontakion 6

How great and close You are in the strength of a storm, how Your powerful hand is seen in a dazzling curvatures of lightnings! Marvellous is Your greatness! The Lord's voice is above the fields and in the rustling of forests, the Lord's voice is in the roaring thunder, the Lord's voice is above many waters. Praise to You in the fire-breathing, seething mountains. You shake the earth as clothes. You raise sea waves up to the sky. Glory to You that You tame man's pride and induce to call in repentance: Alleluia!

Oikos 6

When lightening illuminates a gorgeously decorated house, the light of the lamps appears dim. In the same way, You were shining brightly many times in my soul during the happiest moments of my life. And how colourless and dim the lamps seemed to me after Your shining light. My soul longed for You as I sang:

Glory to You because You are the beginning and the end of man's highest desire.

Glory to You for our inexhaustible thirst for communicating with God.

Glory to You, for You inspired us with discontentment with earthly things.

Glory to You, for You dressed us in Your thinnest rays.

Glory to You, for You destroyed the reign of dark spirits.

Glory to You, for You condemned all evil to be destroyed.

Glory to You for Your marvelous revelations.

Glory to You for our happiness to feel and live with You.

Glory to You, God, forever!

Кондак 7

В дивному поєднанні звуків чується Твій поклик. Ти відкриваєш нам переддвер'я грядущого раю і мелодійність співу в гармонійних тонах, у висоті музичних барв, у блиску художнього мистецтва. Все істинно прекрасне могутнім покликом підносить душу до Тебе і примушує захоплено співати: Алилуя!

Ікос 7

Натхненням Святого Духа Ти озорюєш думки художників, поетів і геніїв науки. Надсвідомою силою вони пророче осягають Твої закони, розкриваючи нам безодню творчої премудрості Твоєї. Їхні діла мимоволі говорять про Тебе: о, який Ти величний у своїх творіннях; о, який Ти величний в людині, що співає:

Слава Тобі, що показав незбагненну силу в законах вселенної.

Слава Тобі, що вся природа повна законів Твого буття.

Слава Тобі, за щедрі таланти для людей.

Слава Тобі, за все, що відкрив нам з ласки Твоєї.

Слава Тобі, за те, що скрив у мудрості Твоїй.

Слава Тобі, за геніальність людського розуму.

Слава Тобі, за животворну силу праці.

Слава Тобі, за вогняні язики натхнення.

Слава Тобі, Боже, на віки!

Kontakion 7

Your call is heard in the marvellous harmony of sounds. You open to us anticipation of heavenly life. We feel it in melodious singing, in the beauty of tunes, in the height of musical hues and colours of fine arts. And everything which is truly beautiful elevates the soul by a vigorous call to You and makes us triumphantly sing: Alleluia!

Oikos 7

By the inspiration of the Holy Spirit You enlighten thoughts of artists, poets, and genial scientists. They prophetically understand Your laws by this they open the abyss of Your creative wisdom. Their deeds involuntarily speak about You; O how great You are in Your creations; O how great You are in man who sings:

Glory to You for You showed tremendous power in the laws of the universe.

Glory to You because all nature is filled with the laws about Your being.

Glory to You for Your gracious talents for men.

Glory to You for all that You graciously opened to us.

Glory to You for all that You wisely hid from us.

Glory to You for the ingenuity of man's intelligence.

Glory to You for the life-giving energy to work.

Glory to You for fiery sparks of inspiration.

Glory to You, God, forever!

Кондак 8

Як близько Ти під час хвороби! Ти сам відвідуєш недужих і схиляєшся біля страждального ложа. Серце розмовляє з Тобою. Ти спокоєм осінюєш душу в часи важких скорбот і страждань; Ти посилаєш неждану допомогу і потішаєш. Ти – Любов, що випробовує і спасає. Тобі співаємо пісню: Алилуя!

Ікос 8

Коли я у дитинстві вперше свідомо призвав Тебе, Ти сповнив мою молитву, і душу осінив благоговійний спокій. Тоді я зрозумів, що Ти благий і блаженні ті, що прибігають до Тебе. Я почав взивати до Тебе знову і знову, і нині взиваю:

Слава Тобі, що сповняєш на добро мої бажання.

Слава Тобі, що раніше прохання посилаєш достаток добра.

Слава Тобі, що чуваєш наді мною день і ніч.

Слава Тобі, що лікуєш сум і втрати цілющим пливом часу.

Слава Тобі, що з Тобою нема безнадійних втрат.

Слава Тобі, що даруєш усім вічне життя.

Слава Тобі, що наділив безсмертям все добре й високе.

Слава Тобі, що обіцяв жадану зустріч з померлими.

Слава Тобі, Боже, на віки!

Kontakion 8

How close You are when a person is ill! You Yourself visit the sick and bend over the bed of a sufferer. His heart speaks with You. You light up his soul with calmness when he grieves and suffers; You send unexpected help and console. You are love that tries and saves. We sing a song to You: Alleluia!

Oikos 8

When I first consciously called You in my childhood, You listened to my prayer and reverent peace settled in my heart. I then realized that You are gracious, and blessed are those who come to You. I then began to call You again and again and I am still calling:

Glory to You, for You turn my wishes to good.

Glory to You for before I ask, You send good things in abundance.

Glory to You, for You take care of me in the day and at night.

Glory to You, for You cure sorrow and loss with the healing flow of time.

Glory to You, for with You there are no irretrievable losses.

Glory to You for You give eternal life to all.

Glory to You, for You gave immortality to all good and elevated tings.

Glory to You, for You promised desirable meeting with the deceased.

Glory to You, God, forever!

Кондак 9

Чому вся природа таємниче посміхається у дні Твоїх свят? Чому тоді на серці розливається дивна легкість, ні з чим земним незрівнянна, і саме повітря вівтаря храму стає світоносним? Це віяння благодаті Твоєї, це відблиск таворського світла; тоді небо і земля хвалебно співають: Алилуя!

Ікос 9

Коли Ти надихав мене служити ближнім, а душу озоряв смиренням, тоді один з безчисленних променів Твоїх падав на моє серце, і воно ставало світоносним, як залізо у вогні. Я бачив Твій таємничий, невловимий лик і співав:

Слава Тобі, що преобразив наше життя ділами добра.

Слава Тобі, що вказав нам шлях до пізнання істини.

Слава Тобі, що закарбував невимовну насолоду у кожній Твоїй заповіді.

Слава Тобі, що перебуваєш там, де процвітає милосердя.

Слава Тобі, що посилаєш невдачі і скорботи, аби ми були чутливими до страждань інших.

Слава Тобі, що заклав велику нагороду в самоцінності добра.

Слава Тобі, що приймаєш високі пориви душі нашої.

Слава Тобі, що возніс любов понад усе земне й небесне.

Слава Тобі, Боже, на віки!

Kontakion 9

Why is nature mysteriously smiling on holidays? Why then is relief spreading in my heart? It cannot be compared with anything else. And the air in the altar and the temple seems to be shining. Because this is the closeness of Your grace, this is the reflection of Tabor light; then the sky and the earth sing the praise: Alleluia!

Oikos 9

When You inspired me to serve my neighbour and lightened my soul with humbleness, one of Your countless rays fell on my heart and it glowed like iron in fire. I saw Your secretive, invisible Face and sang:

Glory to You, for You transfigured our life by kind deeds.

Glory to You for showing us the way of the truth.

Glory to You for the inexpressible joy that You sealed in Your every commandment.

Glory to You, for You live where charity thrives.

Glory to You, for You send us fails and sorrow so that we were empathic towards our neighbours when they suffer.

Glory to You, for You placed great reward in good deeds.

Glory to You, for You accept our high intentions.

Glory to You, for You raised love above all, earthly and heavenly.

Glory to You, God, forever!

Кондак 10

Розбите в прах не можна відновити, але Ти відновлюєш тих, у кого зотліла совість. Ти повертаєш колишню красу душам, що безнадійно втратили її. З Тобою немає нездійснимого. Ти весь – Любов. Ти – Творець і Відновлювач. Тебе хвалимо піснею: Алилуя!

Ікос 10

Боже мій, що відаєш падіння гордого ангела денниці. Спаси мене силою благодаті Твоєї, не дай мені відпасти від Тебе, не дай завагатися у Тобі. Нагостри мій слух, щоб у всі хвилини життя мого я чув Твій таємничий голос і до Тебе, всюдисущого, взивав:

Слава Тобі, за промисленний збіг обставин.

Слава Тобі, за передчуття благодатні.

Слава Тобі, за накази голосу таємного.

Слава Тобі, за об'явлення у сні і наяву.

Слава Тобі, що руйнуєш наші безкорисні задуми.

Слава Тобі, що через недугу повертаєш здоров'я душі.

Слава Тобі, що стражданням протверєжуєш нас від запалу страстей.

Слава Тобі, що спасаєш нас, упокорюючи гординю серця.

Слава Тобі, Боже, на віки!

Kontakion 10

It is impossible to restore what has been crushed into dust, but You do restore completely those whose conscience has turned into dust. You restore previous beauty to souls that have hopelessly lost it. There is nothing irrecoverable with You. You are pure Love. You are Creator and Redeemer. We praise You with the song: Alleluia!

Oikos 10

My God, You know the hell-deep fall of the proud angel Lucifer. Save me with the power of Your grace. Do not let me deviate from You, do not let me doubt in You. Sharpen my hearing so that every minute of my life I can hear Your secretive voice and so that I can call to You, Who is present everywhere:

Glory to You for the circumstances that by Your intent happened to me.

Glory to You for the intuition You gave us by Your grace.

Glory to You for the promptings of the inner voice.

Glory to You for Your revelations in dreams and in real life.

Glory to You, for You ruin our vain intentions.

Glory to You for through illness You recover the health of the soul.

Glory to You, for by suffering You sober us from inflaming passions.

Glory to You for saving us by subduing the pride of our heart.

Glory to You, God, forever!

Кондак 11

Через крижану низку віків відчуваю тепло Твого божественного дихання, чую, що струмоче кров. Ти вже близько і частина часу розвіялась. Я бачу Твій Хрест – він заради мене. Мій дух, як прах перед Хрестом. Тут торжество любові і спасення, тут не змовкає на віки хвала: Алилуя!

Ікос 11

Блаженний, хто скуштує вечерю у Царстві Твоїм, але Ти вже на землі прилучив мене до цього блаженства. Скільки разів Ти простягав мені божественною десницею тіло і кров Твою, і я, многогрішний, приймав цю святиню і відчував Твою любов, невимовну, надприродну, співаючи:

Слава Тобі, за незбагненну живильну силу благодаті.

Слава Тобі, що воздвиг Церкву Свою, як тиху пристань для змученого світу.

Слава Тобі, що відродив нас животворними водами хрещення.

Слава Тобі, що повертаєш через покаяння чистоту непорочних лілій.

Слава Тобі, невичерпна безодне прощення.

Слава Тобі, за безцінну чашу життя.

Слава Тобі, за хліб вічної радості.

Слава Тобі, що возвів нас на небо.

Слава Тобі, Боже, на віки!

Kontakion 11

Through the icy chain of ages, Lord, I feel Your warm breath, I feel pulsing blood. You are already close. The thickness of time has vanished. I see Your Crucifixion, and it is for my sake. My spirit is in the dust below the Crucifixion. Here love and salvation rejoice. Here praise never quiets: Alleluia!

Oikos 11

Blessed is he who eats supper in Your Kingdom. But You have given me this gift on earth already. So many times from Your hand You gave me Your body and blood and though most sinful of all, I accepted this holy thing, and I felt Your unspeakable and supernatural love singing:

Glory to You for the inexplicable life-giving power of Your grace.

Glory to You for building Your Church as a quiet harbour to the one who is tired of the world.

Glory to You for replenishing us with living waters of baptism.

Glory to You for giving back a confessor the beauty of pure, immaculate lilies.

Glory to You, inexhaustible abyss of forgiveness.

Glory to You for the invaluable chalice of life.

Glory to You for the bread of eternal joy.

Glory to You, for You elevated us to heaven.

Glory to You, God, forever!

Кондак 12

Я бачив багато разів відображення Твоєї слави на лицях померлих. Якою неземною красою і радістю світились вони, які легкі, нематеріальні були їхні риси. Це було торжество досягнутого щастя і спокою. Мовчанням вони взивали до Тебе. В часі скону мого просвіти мене і мою душу, що взиває: Алилуя!

Ікос 12

Що моя хвала перед Тобою! Я не чув співу херувимів – це наділ високих душ, але я знаю, як хвалить Тебе природа. Я споглядав узимку, як у місячному мовчанні вся земля тихо молилась до Тебе, оповита білою ризою, сяючи алмазами снігу. Я бачив, як раділо за Тебе сонце, що сходить, і хори птахів гриміли славу. Я чув, як таємниче про Тебе шумить ліс, співають вітри, дзюрчать води, як проповідують про Тебе хори світил своїм ставним рухом у безмежному просторі. Що моя хвала? Природа покірна Тобі, а я – ні. Поки живу, я бачу Твою любов, хочу дякувати, молитися і взивати:

Слава Тобі, що показав нам світло.

Слава Тобі, що полюбив нас глибокою, безмірною, божественною любов'ю.

Слава Тобі, що вложив у душу вічну тугу за небом.

Слава Тобі, що осінив нас світлом, сонмами ангелів і святих.

Слава Тобі, Всесвятий Отче, що заповів нам Царство Твоє.

Слава Тобі, Відкупителю Сину, що відродив нас кров'ю Твоєю.

Слава Тобі, Духу Святий, животворне сонце будучого віку.

Слава Тобі, за все, о Тройце Божественна, всеблага.

Слава Тобі, Боже, на віки!

Kontakion 12

I saw many times the reflection of Your glory on dead people's faces. They were shining with heavenly beauty and joy. How light and immaterial the features of their faces were. This was the triumph of the joy and placidity that they had attained. Silently they were calling to You. In the hour of my death, enlighten my soul that is also calling to You: Alleluia!

Oikos 12

What is my praise to You worth! I have not heard the cherubs' singing – it is possible only for the saints, but I know how nature praises You. I was watching the earth in winter in the moonlight quietly praying to You. Dressed in white robes the earth was shining with diamonds of snow. I saw the rising sun rejoicing in You and choruses of birds proclaiming Your glory. I heard the forest secretly murmuring to You; winds were singing and waters were trickling. Myriads of celestial bodies were prophesying about You while they moved majestically in the endless space. What is my praise worth? Nature is obedient to You, but I am not. While I live, I see Your love; I want to thank, to pray, and to call:

Glory to You for showing us the light.

Glory to You loving us with love so deep, immeasurable, and godlike.

Glory to You for You put into our soul the eternal longing for heaven.

Glory to You, embracing us with the light and the community of angels and saints.

Glory to You, All-Holy Father, that You bequeathed us Your Kingdom.

Glory to You, Redeemer Son, that You regenerated us with Your blood.

Glory to You, Holy Spirit, life-giving sun of the age to come.

Glory to You, all-gracious, Divine Holy Trinity, for everything.

Glory to You, God, forever!

Кондак 13

О, всеблага і животворна Тройце! Прийми подяку за всі Твої милості і зроби нас достойними Твоїх благодіянь, щоб, примноживши ввірені нам таланти, ми ввійшли у вічну радість Господа свого з переможною хвалою: Алилуя!

Отче наш (Молитва Господня)

Отче наш, що єси на небесах, нехай святиться Ім'я Твоє; нехай прийде Царство Твоє; нехай буде воля Твоя, як на небі, так і на землі. Хліб наш насущний дай нам сьогодні; і прости нам провини наші, як і ми прощаємо винуватцям нашим; і не введи нас у спокусу, але визволи нас від лукавого. Амінь.

Kontakion 13

O all-gracious and life-giving Trinity, accept our gratitude for all Your favours, and make us worthy of all Your kind gifts so that we can multiply the talents entrusted to us in order to enter our Lord's eternal joy with all-winning praise: Alleluia!

The Lord's Prayer

Our Father, who art in heaven, hallowed be Thy Name. Thy Kingdom come. Thy Will be done, on earth as it is in heaven. Give us this day our daily bread and forgive us our trespasses as we forgive those who trespass against us. And lead us not into temptation, but deliver us from the evil one. Amen.